Geometrías del cuerpo

Francisco Alemán de Las Casas

Geometrías del cuerpo

Alemán de las Casas, Francisco
Geometrías del cuerpo

Diseño:
2014 Editorial Verbo Desnudo – Editorial Varonas
2500 ejemplares

Registro de Propiedad Intelectual N° 246.182

Impreso en
Santiago
Enero de 2015

Prólogo

Luis Cremades

Casi todos los libros están llenos de lo mismo: lenguaje. Eso que los iguala es también lo que los distingue. El lenguaje de la poesía suele someterse a dos reglas: de una parte, la invención —el lado de la poiesis— un proceso creativo que conduce la expresión de no-ser a ser, como decía Platón en El Banquete. Un hacer que incluye también el juego, el juego serio y los juegos de aprendizaje. La segunda regla asume la poesía como un juego de lenguaje, un juego agonístico que se contrapone a los juegos instrumentales de cada día, al 'pásame la sal' o las instrucciones de uso de las operaciones y dispositivos de los humanos. Los juegos agonísticos sólo expresan —a veces placer, a veces gozo, a veces angustia, a veces deseo—, igual que cantan los pájaros o florecen arbustos en primavera. "Agonía, agonía, sueño, fermento y sueño", escribía Federico García Lorca en la Oda a Walt Whitman. El lenguaje de la poesía sirve para crear y sirve para cantar. Esas dos dimensiones —creativa y expresiva, poética y agonística— dejan sus huellas en los versos que se vuelven guías, mapas del mundo interior que los antiguos conocían como 'Hades', el territorio de los muertos de donde Orfeo regresó para enseñar el camino a sus discípulos.

Lo primero que un poeta aprende y enseña a sus lectores es a 'hacerse el muerto', a parar el mundo, a salir del paisaje para contemplar el tiempo como una rueda giratoria que no va a ninguna parte, o como una hélice que nos mueve a través de un mar desconocido. Los poemas de este libro consiguen su propósito por sobrecarga de significados, gracias a la fuerza semántica que surge de un caos, decantándose a través de la experiencia de su autor hasta cobrar el ritmo y las imágenes de los mitos. Geometrías del cuerpo atraviesa la experiencia humana desde la tribu hasta el silencio solitario; de la admiración y la rabia hacia lo que nos rodea hasta el vacío característico de la experiencia de los muertos. Es un mapa para desandar lo andado, para deshacer el camino a fuerza de cuestionar creencias que son cuentos, contándolas precisamente como si fueran cuentos. En un recodo se acumulan significados y sus contrarios, colisionan y desaparecen dejando un rastro de energía a disposición de quien pueda disfrutarla.

Conocí a Fran Alemán en la Cuba de los años noventa, el dólar recién aprobado como moneda de curso legal. Era el 'periodista agregado' de un grupo de poetas y escritores jóvenes antes de que iniciasen —unos hacia el interior, otros hacia el exterior— su particular diáspora generacional. Fran iba y venía de la radio a las tertulias con más ligereza y menos unción que el resto de jóvenes valores en busca de sí mismos. El arte para él no parecía tener el poso sagrado que los académicos atribuyen a los productos de una alta cultura europea en decadencia. En las pocas conversaciones que tuvimos aparte se podía respirar un cierto espíritu burlón y transgresor que facilitaba la participación, el desacuerdo, las dudas... No tomarse demasiado en serio las cosas del arte es un buen comienzo para verlo como es: un producto humano, a veces un deshecho; otras, con más suerte, un acontecimiento afortunado.

Hubo un segundo encuentro, en el invierno del año 98, a finales del siglo pasado. Por sorpresa nos encontramos en la cola de salida del aeropuerto José Martí de La Habana. Volaríamos juntos hasta Madrid con escala en Barcelona. Fue sorpresa porque el secreto mejor guardado de todo isleño es el día de su partida. Hasta ese momento ponen un cuidado especial en volverse triviales y rutinarios. Esa última mañana en que se levantan y desayunan, agarrotados por los nervios, ponen toda su atención en hacer como si fuera un día más, por compensar la borrachera emocional del momento. El choque de meticulosa normalidad por fuera y demoledora incertidumbre por dentro amplia el espacio interior, de donde luego emergerán los versos. En un aparte, le despidió su madre acogiéndose a los viejos ritos para que el hijo cruzase el océano sin percances. Una vez pasado el control de pasaportes, confundimos nuestra conversación con el viaje y tuvieron que encontrarnos dos azafatas en los pasillos para que embarcásemos al fin, los últimos y con retraso.

Todavía vivimos un tercer reencuentro, esta vez ya en el siglo XXI y, por supuesto, a través de Internet. Fran estaba en Santiago de Chile. A través de un amigo común experto en coincidencias, empezamos a mantener correspondencia. Ya no podíamos vernos, así que el juego de realidades cotidianas, los tonos de la ironía o las miradas de complicidad desaparecían. Lo que quedaba entre nosotros era sólo lenguaje. Un lenguaje que no había conocido antes y que revelaba una mezcla explosiva de rebeldía enamorada y tenacidad.

En esos casos, escribir se convierte en una estrategia de supervivencia, la posibilidad de crear el que uno es, expresar una voz propia, dejar en los textos una presencia más allá de las apariencias cotidianas.

De La Habana a Madrid y de Madrid a Santiago de Chile es una nueva versión del viaje a ninguna parte, en busca de unas raíces que no se hunden en un lugar concreto sino que se alimentan de una larga tradición. Cuando el poeta cubano Virgilio Piñera visitó Buenos Aires se encontró con la Antología del humor negro de André Bretón, un libro capaz de enlazar entusiasmos de origen diverso: el surrealismo, el absurdo, el humor de tintes existenciales servirían a un grupo de artistas e intelectuales como alimento. El propio Piñera, Oliverio Girondo o Felisberto

Hernández han compartido y extendido esa chispa inicial que ha quedado como seña de identidad de una parte de la literatura latinoamericana.

En Geometrías del cuerpo esa tradición se renueva y se despliega con otra intensidad: la del habitante de las múltiples identidades —sociales, raciales, familiares, comerciales, políticas o sexuales—; la de un Orfeo dionisíaco quebrándose en la tensión de fuerzas, a veces en busca de equilibrio, a veces rendido a la idea de romperse y abrirse definitivamente pasando a formar parte del vacío, como si fuera un infinito. El hogar del poeta no es más que ese vacío final que acoge una historia y la manera de cantarla; una página, un poema: el lugar donde se disuelven la lógica y sus contradicciones.

Dedicatoria:

*A Antonia, que algún día
entenderá tanto desatino.
A Margarita de Las Casas,
que bien merece padecer su obra.*

LA ALDEA

Ulises

Me drogaré
con la lógica silente
de un pez de aguas profundas
ojos redondos colgados en anzuelos
harán del verso un acto sin sentido
melodramático
grosero
oportunista
vívidamente político
Mi retorno será sobre escamas
de la última sirena violadora
que llegue de Ítaca

Me drogaré
bajo un árbol de mango
De abejas albinas
haré una línea blanca
Simétrica línea blanca de abejas
haré
para meter en mi nariz
la muerte albina
que vuela con mis ojos
de flor en flor
por error de formulario

sin llegar a ver jamás la mujer que llevo dentro
Me drogaré
orate
maltrecho
gozoso
malherido
pero invicto ante la furia del cíclope,
robándole antes
el queso
las cabras
la hombría
y esos maravillosos tacones violeta
de las grandes fiestas ciclópeas.

Me drogaré
perdido en recetarios
en píldoras de acceso restringido
oliendo a éter
a aliento de mendigo
a monja que se invierte con su cruz de Galatea
a hombre de monte
a niño
a pasta italiana mal cocida
a pez que lanza su ojo viperino
sobre el anzuelo del Ulises que soy
al que nunca cantaron las sirenas

Ya no quedan marinos, ni sirenas
Ítaca es apenas la utopía falocéntrica del hombre
y mi muerte un minúsculo suceso
sobre el montón de historias que la mar trajina
en cada luna llena
Mi patria
el destierro que se teje por el día
y a media noche
deshace las junturas del hilo
para bien de la fábula
donde una mujer que gime es feliz
por el hombre que jamás llegará a ninguna parte.

La Hechicera

Harta de mover la rueca con su lengua
La Hechicera
jura
que será éste el último intento que hará
para trazar de bruces
la cuadratura del círculo.
A mediodía
sus piernas malogradas
por la ira de los siglos,
renuncian al pedal
Así lo ha decidido la Hechicera

La Hechicera está vieja
Sus venas
marañas de nudos que inconclusos desfilan
por huesos y tendones
ya no pueden mover la máquina
que infunde esperanza a la tribu
Luego sobreviene una cadena universal de desgracias

La Hechicera pierde su pata de palo
(Era coja y nadie en la tribu lo sabía)
La rueca pierde la cuadratura del círculo
(a falta de un mísero compás o por exceso de reglas)

La pata de palo pierde la cordura
y se va al santo sepulcro de las aguas privadas
en donde se suicida
bebiendo una generosa porción de litio del desierto
contenido en una bacinica de cobre chileno
oportunamente traída de la China
mediante un Tratado de Libre Comercio

Los ancianos de la tribu
concuerdan en la urgencia de llamar a elecciones
El edicto se sella y se publica.
"Hágase efectivo en noviembre de 2017"
—dicen—.
"Tendremos que elegir otra Hechicera
No hay tribu que se banque el porvenir sin una rueca."

El Arquero

Ni muerte
ni cuello que resista
la soga penitente de los justos
ni boca que se oponga al frío de la sangre
dispuesta a dar de sí
por omisión
por inconsciencia

Ni grumos que se atoren en el cuello
o flujos que no rueden
por el nudo del verdugo principiante
que de arquero pasó
a licenciado matador
y un poco más tarde
a honorable sepulturero

Después de descolgar la presa del cadalso
el arquero habrá sido
la mano poderosa de los pobres
el brazo chueco de la ley que siempre falla
El hombre que ahora esconde su rostro en la capucha
ayer sirvió tu mesa
sus flechas hirieron el ciervo
que comieron tu hermano, tu mujer y tu padre
Era tu última cena

Las gemelas

Solo me resta decir
que te espero
sentada
a la vuelta de la esquina.
Muertas las dos
a la intemperie solera
ambas muertas a falta de cielo
de desespero muertas,
tendidos inclusive
los cadáveres nuestros
en medio de la calle
donde escupen con desdén los transeúntes.

Diremos
qué perras fuimos
Ambas putas
Maracas
Cochinas
Zorras
de cascos ligeros.
Misóginas mal cogidas
que eventualmente buscamos
un remanso de paz
en la tortilla.
Si de verdad tuvimos machos
nunca los vimos.
Ni falta que nos hizo.

El escapista

Y si fuera el momento bendito
de partir con lo puesto

Si pudiera escaparme
calzando mis chalas de casa
y este viejo traje permeable
a la mierda que el mundo me deja
cada vez que su polvo me toca la cara
como un suspiro de muerte

Todo lo que he ganado hasta hoy
también lo he perdido
comprando máquinas que dicen lavar
desde la mala conciencia de mi traje
hasta el rubor artificial
de la última puta que llevé a la cama

No soy un hombre de mala suerte
sino otra víctima del marketing.

La Huérfana

Cuando niña
fui un poco más huérfana que ahora
tuve
que recuerde
nueve padres sucesivos
en dos años

También una madre
de cuyo nombre no puedo
ni quiero acordarme
Pero esa es otra historia

El caso es que soy huérfana
de profesión, oficio y ejercicio
Llegué a la aldea
en el pico de un ave
que volaba sin rumbo
víctima del humo del volcán
y la amenaza latente del flujo piroclástico

Eran tiempos oscuros

como ahora

Ni claros de luna

ni auroras australes

guiaban a las aves

en vuelos de encomienda

Hubo un chasquido

de ala que se quiebra

contra una chimenea

y finalmente

olor a plumas quemadas

Alguien gritó:

—Otra maldita niña que cae del cielo. Deberían prohibir esas cigüeñas.

Era el Herrero

El primer padre que recuerdo.

El famoso

Si no llegas al último capítulo
si las luces te matan
a mitad de la historia
por falta de audiencia
o mal desempeño
en la contienda
de ese cuerpo
de gasa hermafrodita
que se dobla siempre
en trozos perfectos de carne

Si se tensa la cuerda
y se corta la red protectora
que guarda tus nalgas
de golpes
no habrá mente o talento que salve
del fuego final
tu fallida victoria
la vergüenza de verte
tal cual eres
mísero fantoche de TV On Demand

Si el aliento te dice que basta
me habrá notificado a mí
ya por escrito
que es mejor que no estés a la vuelta
que te vayas
al lugar donde guardan
los rostros pasados de moda
de la caja tonta
de donde nunca debiste salir
ni por asfixia de ti.

La jirafa del zoo

"Rara" le habían llamado
Que si sus ancas eran
huesudas abajo
gruesas arriba
largas
al punto de la desproporción
Un disparate evolutivo no previsto por Darwin

Que su piel imitaba más bien
a un leopardo tumefacto tendido en la sabana
Orejas de burro
tenía
Boca de camélida
Astas semejantes
a las de la rana cornuda africana

Luego, esa vulgar costumbre alimentaria
consistente en tomar con la lengua
hojas de acacias y tragarlas
a vista y paciencia de los otros
sin que le importaran las espinas
o peor aun
la ausencia de cubiertos

Todos, en cambio envidiaban su cuello.

Edipo canta a Michelle

Limpiar, botar,

raspar los dedos contra la pared, hasta que salten las coyunturas.

Fuera las falanges

los cartílagos

que arranquen del muro la mierda acumulada por los años.

Fuera la pereza

Dulce y Santa Madre de todos los vicios

La aniquilaré como merece

aún sabiendo que madre hay una sola

Gracias a Dios y a Etcétera

La aniquilaré jurando ante mí y ante el mundo

que Etcétera es el único compañero fiel de Dios.

El único creíble

que no vendería al hijo por treinta monedas

Es un hecho

si no puedo matar con Dios a mi madre

lo haré con Etcétera

Estoy seguro

es más eficiente Etcétera que Dios matando madres.

Dios aniquila bien el resto de las cosas

pero madre hay una sola como ya se sabe

No es camino santo ahogarle el bien que se le otorga
agrietado
malverso
el dolor de un parto primerizo
Tampoco es el caso
Mi madre es multípara
Por eso
haré símbolos de tu muerte
madre
como el Etcétera que mira la pintura que no arranco
con dedos de vicio y de pereza
heredados de Dios
de Etcétera
de ti
loca mujercita regordeta
que se persigna mientras frota esa lavaza mágica
que según tú
limpia la piel
alisa el cabello y pule las murallas de mi casa
Mientes bien
como las madres negras de alma
que limpian las paredes mestizas de sus hijos,
acusándolos de blancos
Miente Dios
Etcétera también, por costumbre, pero miente
Según juras no soy ni mitad indio, ni mitad negro

Luego de tantos cruces Ibéricos
debería ser más bien caucásico
o cuando menos un sabroso como jamón serrano
"El racismo es una fábula de las Naciones Unidas"
dice mi madre loca
Dios y Etcétera la apoyan
Envuelta en la ropa sucia
mi madre calla
mientras arrastra por el barro
su vestido de novia vitalicia
Detrás voy yo, tijera en mano
soñando un corte justo
en la basura que pende de su cuerpo
Cortar. Cortar. Cortar.
Es el sueño de un infante nacido en la inmundicia
que busca con esos tules
un blanco precioso de espumas
libertarias de tsunamis y temblores
No importa que en el acto de fe
confunda a Dios, mi madre y Etcétera
El trío es una réplica exacta de sí mismo
Una madre a solas, en cambio, sólo es una madre
La mataré, con sus propios recuerdos:
Frotar, limpiar, bruñir
Volarle el culo a tanto maricón de atrezo rosa
a tanta puta de utilería

a las maracas del galpón político, que ni tiñen ni dan color

pero maracas son y ahí están, en la pared,

mirándonos

abiertas de piernas

cerradas de entendederas

Espátula en mano y sin dedos

escruto el yeso negro que dejó la mugre

color escroto de negro nigeriano

sumiso de su propia miseria

idéntica a la mía

miseria negra

y mía

Mientras corto el raso de tu cola

madre

pido el pulso preciso

la sapiencia del sastre

el valor que no tengo

para dejarte en cueros

en la calle

Pido a Dios, a ti, a Etcétera

que la voluntad no mate mis lista de intangibles

Quiero

la fantasía de un prisma

que degrade para siempre tu luz

imposible de ver por hombre negro alguno

porque los negros no vemos en colores

gracias a Dios

a la monocromía teratogénica

y a Etcétera, que todo lo puede

Apenas nos alcanza el universo para mirarnos el ombligo

irremediablemente negro

cual puta de utilería y maricón de atrezo.

Quiero

un mar de agua santa

un mar gigante

soluble en la locura cotidiana

Quiero

quemar falsos poetas/profetas/ascetas,

paridores de letras malsanas no malditas

a los hijos de los versos calcados de otros versos

que envenenan la autoría de la primera palabra

sin miseria de pluma

en cuadernos de otros

Quiero

un baño de mar entero

que remueva la mierda acumulada en la pared

agua que se lo lleve todo

como un relámpago

como el tacto minúsculo de la ira

Quiero una maldición

que se trague hasta el suspiro de las rosas

Lo merece mi madre, por cursi, idealista y falsa.

La Dama Blanca

Mátame por fin
es que me gusta
que me cortes el cuello
a punta de patadas
mejor aun
con tijeras de bordado
o con un ladrillo
que bien vale
su dolor
y peso en tierra.

Mátame tú mismo
con un hacha petaloide
de arqueológica estirpe
o tal vez
con una bala en la nuca
Es más vulgar el acto
pero dulce a la pasión del plomo
que te rasga
vestida de sudaca
y te entierra oliendo a la francesa

Mátame toda
por los celos de la virgen
de mi abuela
esa vieja prostituta del altar
que llora cuando tú lo ordenas
como la yo polifacética
que ríe
si me dices que ría
y que canta
si alguien lo pide en tu nombre

Mátame de rabia en la cocina
preparando burritos con frijoles
si te dejo
falsas pistas
en la salsa picante
nortes de otros lechos
que no fueron
aun pudiendo en ellos revolcarme
cerda como soy
y cerda rica

Mátame ya
por mi pellejo crujiente
mi grasa voluptuosa
que se pega con gusto a los tacos
que te tragas enteros
a coágulos de vicio

como si no hubiera otra cerda
que empalar a tu antojo
la noches que descubres
que matar no es tu arte

Mátame ahora
poco hombre
maricón de mierda
niñita llorona de la barca
prefiero mentir
a que me dejes
sola en casa
hilando esta rueca
que ni trae
ni a alguna parte lleva

Mátame
mátame entera
mata el huso
la trama
la urdimbre
a la mujer que teje tu camisa
la que soy
por vocación
por costumbre
y por certeza política.

El de los párpados calientes

Llanto que borra la pena
agüita tibia
del hombre que va
con paciencia de cabra
a ese sitio marcado
sobre la pared
que nadie ve
como no sea con los ojos cerrados

Rayones que signan su gracia
un par de fechas
una frase escrita
con tiza
tal vez
un verso ridículo
como todos los versos
que hablan de hombres

Hay que cerrar los ojos y esperar
El mundo está dado para el agua y la leche tibia
siempre y cuando cerremos los ojos.

El corrector de estilos (literarios)

Qué recurrente estoy con que me muero.
diría por decir y es la verdad
que cada día que pasa
menos vivo
Respiro porque sí
adicta como soy a la costumbre
de tragar aire viciado
y podredumbre
de los rotos de enfrente
que tuestan longanizas
un martes en la noche
en esa jaula que tienen por balcón
que perrera parece
más que otra cosa

Qué recurrente estoy con que pronuncio
la ilativa castellana
mejor que mi maestra
apenas porque digo
de corrido
dos frases bien hiladas
en francés
logro que por cierto
reconozco
a mi amiga travesti de París
que sí vio
como quieren en Chile
a la amiga cuando es forastera
(y travesti, por más añadidura)

Qué recurrente estoy con la gramática imperiosa
que me obliga a vivir
pobre horrenda ufana
pero al fin gloriosa
A la falta de las comas de la gente
saco yo provecho
Lo mismo de borrachos
contadores, catedráticos
escritores y poetas
Todos redactan sus cuestiones nocturnales
más bien de amanecidas
cuando ya ni sombra de la pluma queda
de la pluma digo,
de escribir sería

Qué recurrente estoy de recurrencias
Apenas si me miro en el espejo
me lavo los sobacos en verano
en invierno no existe el depilado
en otoño... (¿Hay un otoño? ¿Qué mierda es eso?)
No importa
Usted escriba y publique
No se sienta raro por la coma que le falta
o el otoño inexistente
yo viviré para hacerle notar de por vida
la ausencia de ambas cosas
No tendré talento ni seré buena moza
pero soy persistente.
Para todo lo demás use a Vivaldi.

Anti Oda al churrasco

Mísero domingo que trasluce un par de ojitos de sol
adormilados, hipotensos, estrábicos
A falta de luz
antojo de churrasco.
Aderezos típicos
tomates medio verdes
la mesa coja, como siempre
Trozo de vaca muerta entre mis dientes amarillos de mostaza sintética
Sabor a neumático
Pobre vaca, Q.E.P.D.
la que puso su carne mal cocida
en la mano sin gracia del hombre que menea la sartén
Pobre yo que nunca descanso en paz
ni en la sartén
ni untado de mostaza
ni con benzodiazepinas en la sopa
Pobre yo que no seré comido
por viejo
por tóxico
por duro
Pobre yo que des-disfruto como si padeciera
otro día sin sol
en vez de suicidarme de pereza sobre el pasto.

La Aldea

Nación. Patria. País.
Tanta letra rancia
La mano que te da de comer también abofetea
No has de morderla, sin embargo.
No es decente. Se ve mal.
Engorda y avejenta.
La patria vigila con su ojo de rapiña.
A donde vayas te sigue.
Es septiembre.
La patria sabe vengarse.
Espera.
Lanza una artillería de platos típicos.
Fiesta de cadáveres grasientos
que destraba tu garganta a punta de licor
de abortos prohibidos
de úteros resecos
de leche envenenada
de vísceras rellenas con tu estiércol
con el mío.

La patria te recuerda que eres cerdo de su piara.
Comerás y beberás lo que ella ordena.
Es septiembre.
Tragar es tu única certeza.
Tragar.
Tragarlo todo.
De postre una cumbia villera.

AUSENCIAS E INNECESARIAS PRESENCIAS DE CASI TODO LO CREADO

Ausencia quiere decir alivio

Qué hay de malo en que te mate
Cómo tanto temor al tajo en la garganta
si lo mereces
ahora
en primavera
para que la tibieza estacional del sol
pudra con urgencia ese cuerpo
monstruosamente sucio
repetido
copia psicópata de sus pares idénticos
Qué hay de malo en que te mate
Queremos verte quieto
armado de refajos y plantillas ortopédicas
al natural, con papadas, juanetes, dientes torcidos
recostado al tronco de un árbol
cuyas ramas perfuman
las heces de los perros callejeros
y el vómito de la zorra ilusa
que lloró por aquella noche de reina
que no tuvo.
Por qué pavor al sable en la garganta
Pudiste haberte muerto de un infarto
la primera vez que alguien te habló
del bien y el mal
y ahorrarnos al resto
la indecencia
de escupir en la sopa
cada vez que mencionemos tu nombre
servida la mesa
sentados en torno a tu cadáver.

Porno remembranza

Ese muchacho de ojos negros
me mira
Su rostro me resulta familiar
Lo he visto antes
Lo he devorado entero —estoy seguro—
en uno de esos sitios de asientos complacientes
de pantallas pixeladas
y olor a semen milenario
Hace cinco años —supongo que me ajusto a la fecha—, lo vi por
primera vez
Era idéntico —creo—, aunque puede que entonces fuera
un rostro lampiño, una boca más amplia
y varias erecciones continuas, matemáticamente exponenciales
húmedas
gigantes
hinchadas de sangre
a punto de estallar sobre mis muslos.
Ese muchacho de ojos negros sonríe, se aleja
Su cuerpo desplaza el aire exacto
—El aire asfixia
las gotas de melaza
que desprenden las plantas
de sus pies
Su olor contamina la tierra para siempre
mientras yo, como un sapo eviscerado
me tiendo a recordarlo con la mano puesta en la bragueta
y los ojos en la vieja pantalla del cine XXX.

Porque la pena

Todas mis muertes esperan en la cama
a que un desliz de odio las avive
Se necesita un nombre
un nombre de verdad
para matar mis muertes todas

Busco con urgencia
la letra callejera
que tire su armadura
su lanza sus espuelas
sobre el lado invisible de mi sueño

Abierta en dos mitades
mi sábana de arena
ruega una pausa al viento
o un minuto de asfixia total
que ponga fin al juego

Miro los árboles

la explosión de flores sobre el valle

la cresta de los montes

y ese lago que muestran en la tele

Vuelvo a dormir

Del otro lado del espejo

nadie reclama

la parte del colchón deshabitada por la carne

Como mi cuerpo

la mitad de la cama tirita

mientras llega al fin la última estocada

Alicia muere en el próximo episodio

No se lo pierda.

Revoluciones de ira mestiza sobre un rostro pálido

Diez negras maldiciones caerán sobre tu cuerpo

sobre tu alma

si es que tienes una

sobre lo que toque tu sombra

tu maldita sombra

que maldigo otra vez diez veces

para que cargues desde hoy

con una veintena de malos propósitos

dedicados por mí

a tu sombra

a ti

a tu maldita sombra

adherida

a la transparencia de tu cara mutante

cual babosa radiactiva

de cuyo camino húmedo

resultan pequeñas Fukushimas

prestas a estallar

cuando toques ese punto cero acuminado

que llevas en la niña de los ojos

maricón racista.

Siendo fin de semana

esa gárgola de piedra

perderá sus anclajes

y caerá sobre ti

si pasas por debajo de la iglesia

Ojalá no mueras de un gargolazo

La iglesia a la que temes

se está desmoronando

poco a poco

Sería lindo que cada uno de sus bloques

cornisas

adornos

vitrales

bancas

cruces

y beatas

te aplastaran

lentamente

una por una

cada fin de semana.

Hetero Trans Bi

Nada de rulos hechos a medida
por la mano venosa y senil
del travesti peluquero de la esquina.
La cabeza del hombre
no se apoya esta tarde
en el sillón
del fígaro con tetas
Esa cabeza
arquetípicamente pulcra
ha descubierto anoche
que es
sobre todas la cosas
una cerda
de pensamiento
de obra
de cuya propia meningitis
no la librará
siquiera
el matadero
ni el chorro de vapor caliente
que haría de su piel
y orejas triangulares
una superficie lisa y blanca
apta para el consumo humano
para la exposición en las góndolas
del supermercado.

La cabeza del cerdo
yace ahora sobre una picota
mirando al espejo de enfrente
a fierro pelado
La clavaron al perno del sillón
que antes fuera soporte
de cabezas humanas
Pero antes es mucho tiempo
Antes
la verdad sea dicha
el perno picota sostuvo la zona occipital de otros muertos y
muertas
todos clientes y clientas de la vieja peluquera travesti del barrio
que
ciega y sorda como está
poco atina a escuchar las quejas de la gente
cuando el filo de la navaja pasa demasiado cerca de las carótidas
Las queja suele ser breves
Apenas un temblor vacía el contenido de venas y arterias
Luego
un par de minutos más tarde
sobreviene la hipoxia
La cabeza del cerdo en cambio
soporta la ausencia de oxígeno

En realidad lo soporta todo
pues nada hay más resistente a las carencias
que un cerdo humanoide
Yo he sido uno de ellos

Al nacer extrajeron mis testículos
arrancaron mis caninos
cortaron mi cola
De ese modo
ni preño
ni muerdo
ni expreso afecto
ira
repulsión
o miedo
con el fantasma de mi rabo
Tampoco me peino
Se sabe
o se presume
con bastante evidencia científica
que ninguna cabeza ha sido hecha para el peine
En mi caso
prefiero acomodar mi cabellera de brocha
sobre el barro
los días de lluvia
cuando el río arroja a la orilla
las partes insolubles de mis hermanos
muertos
como yo
sobre una picota de fierro
jamás recubierta de látex.

De osos y pajas ajenas

Un desliz de tus dedos
al arco de las cejas
sola
ante el espejo
como yo te traje al mundo
que no soy Dios
y ni que Dios lo quiera
Vuelvo a ti
boca roja
comisuras a cincel rasgadas
tacones de aguja
talle perfecto
vestido fisgón de esa silueta
cabellera innecesariamente rebelde
talante de hembra que se toca la entrepierna
jugosa piña bien parida
ante el azogue permanente del vidrio en la pared
que te refleja
entera
sin mezquindad de carnes
Yo miro la mujer que eres
Siempre en las noches
cuando apago la tele
mientras rozo la almohada con el pubis
la miro

Entonces
casi sin quererlo
hay cierto cosquilleo
entre mi ombligo y mi oso de peluche
Sí. Duermo con un oso de peluche
A quién le importa.
El oso latiga el pulso de mi sangre
se mueve en contracciones
sístoles y diástoles
sobre el rey de mis venas
justo donde tú no estás
aunque debieras
por decencia
o por perentoria necesidad de mi sangre
Mientras tanto
mi brazo hermano se erige rey de mis venas
mi padre hermano se erige rey de mis venas
Mi vena mayor
se nombra a sí misma madre de todas las cosas
objetuales transcripciones
de la mano poderosa ese Dios
que regenta su universo de felpa
comiéndome la ingle cada noche
encima de mi cama

Acostumbrado a la ficción hedonista de la vulva suave
mi brazo-hermano
rey de mis venas
toma a esta mujer por la cintura
se traga la larga penitencia de sus vellos
a medio recortar

sus labios carnosos que van
de púrpura a magenta
a rojo cavernoso
irrigados
índigo suceso que aglutina
el sabor oloroso a nitre
Amo este deseo de lamer tu boca inversa
hasta que llores de rabia o de pereza vertical
mientras yo la mastico
En las mañanas
cuando abro el faldón de mis piernas
te miro de nuevo
Dilatados y babeantes
a furia del viento tus pezones van y vienen
partidas las carnes en pares simétricos
pequeños
casi redondos
comestibles
simulan garbanzos recién salidos de sus vainas
Me gritan
que libere mi mano retentiva del ombligo
y me lance a tocar a la mujer del espejo
la que no existe
hasta tanto se pruebe lo contrario.

La teta mala

Quiero que atices tu pezón marchito
lejos
donde no pueda oler la leche rancia que te brota
como una enfermedad de siete décadas
resistente a la quinina
al soplo mismo de la vida que se escapa
en cada bocanada de aire que te comes
excéntrica
furiosa
dominante
malsana
obesa de costumbres mal habidas.
Quiero verte sentada
cómodamente metida en un tubo de aluminio
viajando hacia a esa tierra de leche y miel con la que sueñas
A tu tierra prometida
A tu hambre prometida
A tu sed prometida
A la leche roja devorante de tu vida
de la mía
Es un ciclo que no acaba
Tus pechos
colgajos parturientos que me azotan
madre
Y yo, invalido
Sin poder escribirte una canción de amor
porque no puedo tragar tanta leche agria.

Rimas a mi madre

Come, pequeña, lamento
de panza que duele
de hambre porfía
vuela mañana a Isla Tierra
en dónde te espera
tu casa vacía
Bebe, pequeña, tu sopa de migas
cocida sin fuego
sin pan y sin agua
sin sal y sin vida
Vuelve a tu cripta, pequeña mañosa
rostro de la pena
tristeza golosa
eterna viajera de tu propia lengua
dardos de tijeras
que apuntan adentro
de tu letanía.
Corre, corre, pequeña
que la luz expira
se apaga la vela
uno de estos días.

La Lupe chilena en staccato

(A Eli Neira y "El sueño de la casa propia")

No puede haber
más de un sobresalto
en esta historia
de abalorios culinarios
que una mujer
medida en pie
ligera ella
cuan alta es
que no es ni tanto
no-pura
no-blanca
no-hecha
no-deshecha en cordura
o plástica manteca
de carne en la sartén
transparente
jugosa
cual aceite de soja
en primerísima fritura

se alce dorada

comestible

objeto disociado por la guerra

que lanza sus papilas

al cielo de mi boca

a esta lengua

estructura perversa

donde ella

la mujer de mis sueños

entera se evapora de pimienta

como una hamburguesa fresca

parlante

aderezada

plato divino

que comparto

con otros comensales

en mesas separadas

Mientras alguien traga los músculos

de ese cuerpo pequeño

o deglute el peso de sus ojos

yo dibujo su silueta

con salsa de tomate

sobre un plato

Mi mesa está servida

"A mi mesa llegas con respeto"

"A mi mesa llegas sin ropa"

A pesar de todo lo anterior

mi plato está vacío

excepto por la salsa de tomate

como he dicho

Mi plato es como sueño de la casa propia

Sólo le falta poner un huevo

Sin dudas lo hará uno de estos días

Mientras esa mujer

la de cabello azul a la intemperie

se vuelve cualquier cosa si la toco

He rebanado y curtido sus carnes

como un trozo de queso

para gloria mía

y de mi plato vacío.

Edicto contra tus ojos

Tú me pediste pan y abrigo
y era invierno
Me pareció poco
Tejí a mano
un útero de plumas
lo aticé con mi aliento
me saqué la piel
y te cubrí con ella
para que el sueño de mi infante favorito
jamás fuera roto
siquiera por el canto de las aves
que migran
cosidas sobre el mar
en línea recta
buscando el horizonte

Tú me pediste luz y amparo
Moví el planeta de su eje
para que el sol llegara
a esa selva artificial
que cuelga en tu ventana
embutida en plásticos de greda

remedo sin sentido

de aquel ecosistema

al que nunca irás

porque odias los insectos

las espinas

las serpientes

el olor tumefacto del río

que carga entre manchas de lodo

la purificación de vida

Tú me pediste certeza

Yo me quedé sin argumentos

con las manos y el corazón vacíos

mientras veía derretirse los glaciares

morir de inanición los osos blancos

hundirse las Bahamas

en el fatídico triángulo

tragarse un cocodrilo

el coño de mi madre

y el coño de mi abuela

Jamás debí mover el eje de la tierra

Por tu culpa

por tu grandísima culpa

asesiné todo lo vivo

sobre la faz de este puto planeta.

Suicidio del profeta

Era yo tan pobre
que a falta de monedas
le puse un par de besos en los ojos

Sellé con saliva
sus oídos
su boca
sus fosas nasales
y todo orificio corporal
sujeto a la intemperie
a la viralidad del aire
al vaho que asecha pertinaz sobre la carne

Murió el profeta

Lo asistí en su tránsito a la gloria
porque su vida era ya una mierda

Los domingos
días del Señor
el profeta
dormía como cualquier alimaña
en cautiverio

Era un fastidio

Durante el místico letargo
sus escasos movimientos
jamás sobrepasaron la nevera
o la taza de wáter

Cuatro o cinco veces por jornada
el profeta pedía
a gritos
su porción de lenteja con arroz
y carne de cerdo
aderezada con merquén
y jugo de limón

He servido hasta ayer
por años
la mesa y la cama del profeta

Para evitar a futuro erróneas predicciones
dejé de cocinarle las lentejas
puse debajo de su almohada
un espejo de aumento
y la filosa daga
que antes sirviera
para cortar la carne de cerdo

con la que hice para él
por tanto tiempo
el caldo sustancioso
que lo ataba a la vida

Ha muerto por fin el profeta

Murió de inanición
De espanto
Murió de frío

Desde hoy
queda vacante el puesto hacia la gloria
Sírvase enviar su hoja de vida
si así lo considera pertinente.

PD: No olvide consignar las referencias. En estos tiempos
abundan los farsantes.

PÁJAROS

El Quebrantahuesos (Gypaetus barbatus)

El Quebrantahuesos
ni huesa
ni quebranta
El Quebrantahuesos
es un pájaro
color café
que por las noches
canta
su quebranto
de ave
su letra
que canta de quebranto

El Quebrantahuesos
Vuela
Se aleja
Se va con su canto
de llanto
a otro día
en que ni huesa
ni quebranta
apenas canta
El Quebrantahuesos

El Quebrantahuesos
se fue
con un maldito pájaro Carpintero.

El Colibrí (Trochilinae)

A mi hija Antonia Margarita

Mientras el mundo

duerme

feliz

El Colibrí

se peina en mi ventana

Suspendido

al marco de madera

mira su reflejo

en el cristal

Hermoso

El Colibrí

corta el aire

con sus alitas raras

El Colibrí

zumba

fuera

de casa

Colgado al sol

mira

dice adiós

cada mañana

Gotas de miel

un cristal

y algo de luz

me privan de tocarlo

Libre de mí

y de mi sombra

se va feliz

El Colibrí

PD: El Colibrí tiene sus días contados. Nada escapa de la sombra de mi mano.

La mujer pájaro

Sobre el rojo quieto de un pájaro
dijo sí a la luna
la llamó mujer
espiga de centeno
apetito voraz de la mesa
que en paz se mueve
en paz
y en un manto de plumas
sacado de sus alas

El viento
sabio señor del sur
le dijo una tarde
que limpiar el polvo de los cuadros
o el halo café de las tazas
ya no sería suficiente para ella
No más tostadas a las seis en punto
Del pan
ordenó guardar las migas
a palomas y gorriones hambrientos

Del té

apenas la añoranza

pues su casa no estaba anclada ya

sobre la tierra

y era como un nido vacío

a punto de volar en la próxima ventisca

Cualquier rito familiar

entonces

sería semejante al hambre de las aves

que nunca cesa.

El resto de la historia no se escribe todavía

Dicen que se fue

La Mujer Pájaro

a lucir el mundo

con la roja quietud de sus plumas.

Matar a un ruiseñor

No narraré jamás
la muerte del pájaro carpintero
o de su primo hermano
el ruiseñor
Tampoco haré el cuento de la buena pipa

Ni siquiera debo hablar de muertes
o de pájaros
en una misma estrofa
No es decente
pues casi son la misma cosa

Como ve
todo redunda en la jaula de un pájaro
La vida redunda
El mundo redunda
Usted redunda
mucho, demasiado
Yo me redundo a mí mismo
valga la redundancia

La gloria de los pájaros se aplasta
con rima fácil o redundancias
a la vera de un festín de plumas
que no sólo de alpiste vive el pájaro

para matar un pájaro nunca están de más
el brillo y la tortura forzada de las rimas
o las plumas

Harto de complejas sintaxis
o amagos libertarios
se reduce a letra chica la gramática
y volvemos a los pájaros
carpinteros
ruiseñores
pájaros en sí
y pájaros todos
a poblar el vapor de la cocina
prístino sitial
donde la madre
cuece al ceñido traje del hijo
las plumas que lucirá de por vida
verrugas intratables
propensas al cáncer
a la fatalidad de volar por los cielos de los hombres
Mientras tanto
en la misma cocina
alguien cuenta la historia de la Buena Pipa
o decide matar a un ruiseñor
de un paraguazo.

A mí también me habló un pájaro

Sentado yo
en la banca del parque
se me acercó un pájaro
Era fuerte como el cloro
y llevaba un pantalón rosa pastel
muy ceñido a la cadera
Me miró
parte por parte
y me dijo:
¿Tienes fuego?
No fumo
(respondí)
¿Nos conocemos?
(Preguntó el pájaro)
No creo
(le dije)
Soy de fuera
Como si tal cosa
obviando el desdén
el pájaro
se sentó a mi lado
en un santiamén

Pues mira que tú deberías conocerme

soy artista,

(aseguró el pájaro)

¿Artista de dónde?

(Pregunté curioso)

Soy artista de las apariciones

y la premoniciones

y mi lengua es caliente

(respondió el susodicho)

A continuación

acercó su boca a mi oreja

y la lamió mientras susurraba

con mucha suavidad:

¡Seráaaaaas presidenteeeeeeee!

¿Presidente yo?

(Inquirí, excitado)

¿de dónde o de qué?

¡dime, por ventura!

Presidente serás

de algún lugar o... alguna cosa

(respondió circunspecto el pájaro)

Pero eso es un disparate...

(observé)

En absoluto

(respondió el pájaro)

Cuando mucho sería la locura

de un orate

Acto seguido

sacó su lengua de mi oreja

se puso en pie

y se esfumó en el aire

como el gato de Cheshire

Lo triste de esta historia

es que en el Centro de Madres

de la pobla

nadie cree que un pájaro me habló.

NÚMEROS

I

Tus muertos y mis muertos están de fiesta

Han conseguido purgar el mal que en vida les hicimos

Llevan cinco años trazando su venganza

Saben que la nuestra será una batalla de horrores

que estamos listos para despedazarnos en la cama

Fuera de ella será idéntica contienda

Tus muertos y mis muertos gozan

mientras me miran mordiéndote las nalgas

tragándome la sangre que te robo

Marco mis dientes en esa carne blanca porque es mi propiedad

porque se me antoja

Escribo la inicial de mi nombre

sobre tu culo redondo

firme

desafiante

insondable

Mientras lo hago mi saliva te digiere desde fuera

previo al acto caníbal que se acerca

Lo que soy se debate entre amarte o tragarte

Debe ser porque los muertos me recuerdan a la patria

Porque soy un producto marginal en estas fechas

Te comeré en septiembre que es mes de la carne

Quiero la tuya cruda.

II

Declaro el armisticio

Acepto la victoria de tus piernas

rabiosas y dominantes

Desnudo sobre el piso

espero con ojos y boca bien abiertos

He de tragarte con gula milenaria

beberte como agua tibia de la ducha

como un tazón de sopa contundente

Te tragaré con un soplido inverso

mientras tu circulo de carne desencaja mi mandíbula

sin piedad

sin lastima marica hacia mis huesos

No me beses

Te reconozco animal

idéntica presencia en mí mismo.

III

"Castígala señor con mano fiera
que sufra mucho,
pero que no muera".
(Bolero 'Aurora' —Manuel Corona)

No era el trazo indeleble de la sal

acunando sus párpados calientes

No era el silbido agónico del reno

que olfatea el pasto transpirado por la sangre

No era la bestia

ni el pelaje

ni la santa quietud del cazo de sopa de la madre

ni el toque de gong

ni la esfera azul

No era nada.

IV

Ya ves, pequeño
que no siempre tiritan azules los astros a lo lejos
y que el pueblito no se llama Las Condes.
Si pudieras lamer tus grietas
entenderías
por qué soy ahora
una vieja raíz de castaño.
Debí tragar tanta mala savia
que solo pude expulsarla sajándome el estómago
en las entrañas mismas de la tierra.
Vivir de este modo —un día lo comprobarás por ti mismo—
es como negar la certeza del suicidio
Por eso
supongo
entre los dos inventamos tu lascivia
mis cuestionables hábitos de sueño
y la impudicia de todos tus amantes
Siéntete como en casa con tu pena
y entiérrate bien lejos.
Las raíces hacinadas desprenden mal olor.

V

Mi otro yo es ecologista
y prudente
Adora las ballenas azules
La capa de ozono
Los humedales.

No come nada que tenga sombra
No fuma
aunque permite con cierta displicencia
que los demás lo hagan en sitios abiertos
Bebe con moderación los fines de semana
Odia la cocaína
la transferencia de fluidos corporales
y la prensa amarilla.

Si mi otro yo no fuese tan prudente
protestaría contra la guerra
la ablación del clítoris
o el aborto terapéutico.

Qué bueno que existe mi otro yo.
De no ser por él
ya te habría cercenado el cuello con una sierra eléctrica
Y estaríamos los tres
—tú, mi otro yo y yo mismo—
metidos en problemas.

VI

(A la muerte del último ángel)

He visto cómo te caías del techo.

Por alguna razón tus alas perfectas no se abrieron.

Me alegro.

Dicen los del seguro que se debió a una falla angelical.

Que los ángeles también se equivocan,

que es frecuente,

que la premura con que ejecutan sus actos

les impide ver donde pisan.

Estoy de acuerdo con tal observación.

De otro modo no me habrías aplastado trescientas veces

en sesenta días.

Definitivamente no ves dónde pisas,

ni lo que pisas,

ni cómo lo pisas.

Ni siquiera miras a los que te pisas.

Debiste ser el mejor en la clase de pisadas de tu curso.

Te mando una foto mía para que aprecies tu obra.

Mírame:

Soy ese montón de tendones y cartílagos que se ve en el centro. Disculpa el encuadre. El fotógrafo nunca llegó; tuve que pedirle a Don Claudio, el conserje, que apretara el obturador de la cámara.

Él mismo tuvo la gentileza de depositar lo que queda de mí en una bolsa plástica.

Teme que los perros callejeros me desperdiguen, como seguramente habrá ocurrido con tus otras víctimas. Y ya que lo menciono, ¿no recibiré alguna indemnización por haber sido yo la más notorio de tus obras? (He visto cómo te despachurrabas contra el pavimento, recuérdalo).

Sé que me acostumbraré a vivir tal cual me dejaste, pero jamás podré entender por qué me alegra tanto tu muerte.

VII

Lo poco que ganas
por lamer la sombra
donde piso
se seca tras de ti
al sol
caracol.

Tu camino de tierra
te matará
cuando toques la sal
que dejé
con malsana intención
sobre la hierba.

Si no surtiera efecto la química casera
me cuidaré de pisarte
amparado en mi propia torpeza.
Diré que fue un accidente.
Que no te vi.
Hace años no distingo
un caracol de una piedra
ni una piedra de un hombre.

VIII

Resistencia a la insulina

a los somníferos

al sueño en sí

a los malos polvos

a la libertad

de librarme de ti

que no resultas nada

salvo un rito itinerante

dos veces por semana

Resistente a la luz

que otra vez me sorprende

tecleando solo

encima de la cama

Son casi las ocho

no hubo sueño de nuevo

Qué locura ésta

resistente a todo

pudiendo dejarte en la esquina

sin ropas

tal como te encontré

y asunto terminado.

IX

Hemos convenido adornar de rojo la punta de la daga
no sea que a futuro de tanto descarnar la presa
nos resulte monótona la casa
y ese suspiro posterior al sexo
huela a musgo de piscina
gris
perenne
prematuro
Si algo hay que agregar a lo pactado
será un toque de pimienta o algo más o menos culinario
Nadie aducirá poco consenso:
Tú y yo fuimos apenas democráticos
El resto de la historia
Si la hubo
describe un par de asuntos contingentes
Gózate de amarme
o muere en el intento
En ambos casos te ayuda la experiencia.

X

La piedra sobre el fuego

La lámina de cobre

espléndida

candente

rasga la esbeltez del rostro de la bestia

Anuncia otra vez el luto

Un par de ojos contemplan

la mano

que acaricia el óvalo opaco de la noche

La decadencia

ahora

significa paz

La luna

se mancha del goteo

arrítmico del cobre

mientras un desfachatado estornudo de la bestia

anuncia el traspiés del último grano de arena

en la cintura del reloj.

XI

Es justo y necesario

diluir tu cuerpo

en la cubeta

de ácido

Meter cada molécula

tuya

en la envoltura

del aire

Reducirte

a

la

teoría.

VENAS, SALACIONES Y HORIZONTE DE SUCESOS

Pre epitafio a mi lengua

Por su mala entraña
cortaré en trozos esta lengua
artefacto de carne
que me acecha, tortura y sodomiza
sin contrato verbal o documento alguno
que la imponga sobre el resto del cuerpo
que alguna vez fue mío
Mataré esa maldita lengua
Tijeras de podar serán mis dientes
Mis muelas
las inútiles de siempre
las que ven en silencio el sacrificio
las que gozan del gusto de la sangre que no ganan
porque es gratis
porque es roja, caliente, salada, oportuna
con cierto picor a hierro en el regusto
Por mal parida, tóxica y artera
haré pedazos esta lengua viperina
Si perdiera los dientes en la guerra
—no hay que subestimar las malas lenguas—

buenas serían las tenazas del herrero
o la herradura en la pata del caballo
de ser necesario, el caballo entero
galopando sobre la maldita probóscide
que se resiste a morir sin torturarme y torturar
a la gente inocente que conozco
Por mal educada y molesta
dañina y perversa
debo moler mi lengua en la juguera
Una vez desecha
—por precaución— me arrancaré las manos
He de esperar que la difunta
—villana cual será después de muerta—
vuelva de lo oscuro aun siendo lengua
se apropie de mis dedos
si los tengo
y lance sin mesura
sus señas indecentes
de lengua marginal
al medio ambiente
Señor
tú que estás en los cielos y en todas partes
dime que jamás estuviste en mi lengua
De otro modo tendría que arrancar tu cabecita
del crucifijo con que rezo cada noche
para que sigan inmaculados mis amigos
y mi lengua el objeto de los vicios que en el mundo han sido.

Hora de la siesta

Tomaré una siesta profunda

equidistante de tu pena senil

y de mi apuro por meterte en la cama a toda costa

Tomaré también un ansiolítico

O dos

O tres

Depende qué tanto quiera morir hoy en tu nombre

Luego

una ducha fría

Al final

tal vez

rones redondos

Erre con erre

desliz en la garganta que arde con rabia

—erre con erre— de barril

Tu cabeza apoyada

en los hierros del ferrocarril

Yo tragando a tu salud

Erre con erre

mientras mi cama se desliza en el zigzag de la tele

al revés

como esa sombra que se niega a ser un tren

porque carece de la mano oportuna que te quite la vida

limpiamente

chocando acero contra acero

ante mis ojos

No morirás arrollado

Qué pena

Deberías ahogarte entonces con el hueso de un pollo

—es un ejemplo—

o morir de muerte natural

como hace tanta gente

Deberías arder en combustión espontánea

lejos

donde no te salve ni tu propia miseria

Mientras tanto

cerraré los ojos

Es la hora de mi siesta.

Los zapaticos de rosa 2015

Tu herencia me recuerda a los retratos.

Eres la niña que muere en la cabaña de la playa

aterida de frío

por la falta de objetos necesarios

como una manta,

una madre,

un anillo de rubí

un padre de PVC

que te mande a ver el sol,

la arena fina,

a estrenar sombreros de plumas ecológicas

meticulosamente extraídas de pájaros presos

en esas granjas orgánicas que abundan hoy en día.

Un padre que te incite a recibir el beso hipócrita de la piedad,

porque eso reclaman los padres para sus hijas:

piedad y besos.

El dinero no cuenta.

Las madres se manejan mejor en finanzas.

El único roce verdadero con la vida

del que acaso sabrás

duerme pálido

en tu boca descarnada por la sal

mil veces vista por la patria de los hombres

que se fueron

echando un bote a la mar

con tricornio y con bastón

como Alberto el militar.

Al caer el sol,

pasar el tiempo

(y un pájaro por el mar)

tus labios se rebelan

sal que se esfuma en la marea

que viene y va

como tú

a caprichos de la luna.

Antes ya fuiste ramera, Pilar,

como la luna,

recuérdalo.

"Pilar, que viene y va muy oronda".

Pilar, Pilar, Pilar...

Una pequeña puta caribeña

que finge su propia agonía

junto a una falsa madre

para ganar aplausos

desde la melodramática mediocridad de un pasquín.

Soy un suicida en potencia

He renunciado a la sal
al azúcar blanco
al tabaco verde en flor
al son
y a la guaracha

Como Ofelia traspapelada y fuera de escena
súmmum de la demencia que cito
lavo mis manos de sangre
mientras clamo
grito
el nombre isabelino de Laertes
Tal es mi estado
que no discrimino
si soy yo
o no soy
si fuera esa la cuestión,
la daga que mató a Duncan,
o acaso
o apenas
una de las brujas
que anunciara el bosque en movimiento de Macbeth
Fin de la era
Fin del mundo.

Canto una canción obscena
y patriarcal
señalo mi entrepierna
me toco
el público delira
un gusano calloso me desflora
sin estar abiertos mis botones carmesí
Salgo de escena
Fin del acto.

Muero donde nadie me ve
ahogada en una tina
de champán.

Tu guerra por la sal

Tan para ti tú misma

Te cuesta reparar

mujer

en el oficio amable de la gente

No temas

nada te quitaré

pues nada tengo que perder

o que ganar

en esta guerra

que poco lleva de mar

y menos de pacífica

Observa mis posesiones

cada vez más exiguas

De pieles y abalorios

está limpio mi armario

Si abro sus puertas

apenas podría mostrarte un par de manos

zurdas las dos

torpes

pero laboriosas

cálidas

aunque cueste un universo

describir el modo en que dos manos idénticas

pueden hacer por separado

la mitad de las cosas

que harían en circunstancias normales

dos manos distintas

como acariciar

o abrir la tapa del frasco de champú

sin que se pierda el contenido en las paredes de la ducha

en la cortina

en el piso

Mira cuánta rareza desdeñas por anclarte a la guerra de la sal

Hoy te perdiste

por ejemplo

las lamidas del sol

sobre el invierno

Hubo gotas de luz en todas partes

En los barrotes de la ventana

en los tallos desnudos de los árboles

en el techo de los autos

en la plomiza armonía del cielo

que se niega a perder la línea de los cerros

nadando

contra toda probabilidad de éxito

en la sopa inerte de material particulado

que cubre la ciudad

También hubo una explosión

a aroma de café recién colado

Te la perdiste

pues ya no tienes olfato

De tanto golpear el rostro

contra el cielo

has convertido tu nariz

en un bulto de carne

mal conectado al chakra del ombligo.

Sábado de Pascua

Con qué derecho apareces en mis sueños
me invitas a un café
permites que me duche en tu baño
hablas de viajar conmigo
a un país que sólo existe en tu diminuta cabeza
traficante de calzado femenino
No tienes vergüenza
Deja en paz mi descanso nocturno
Es el último reducto que me queda
la botella de cloro con que limpio
tanto traidor que me acosa
cuando cierro los ojos o doy la espalda
Ni siquiera me erotiza verte en cueros
(qué ordinaria desnudez).
Tu piel morena, que pudo ser hermosa,
es ahora una mancha sobre la alfombra.
Tu boca, tus dientes perfectos, simétricos y ese par de hoyuelos
que te salen cuando ríes,
tienen el rictus de la muerte,
un vapor de pestilencia bubónica a centímetros del techo,
que no se lanzará esta vez contra mi cuerpo
porque me iré de tu sueño compartido.
Sobre la mesa dejo el café
frío, insípido y barato como tú.

El cuento del gato

Tal vez permita

que la tierra

gire de nuevo

e imprima en mis cejas

la sombra de un volcán extinto

Puede que hoy entrecruce mi camino con un gato blanco

o me siente a esperar el taxi

bajo la escalera

de la que pende absoluta

la suerte de un pintor de brocha gruesa

Quizás llegue a ver desde mi trono

como el hombre que pinta

rueda escalera abajo

no sin antes bañarme del líquido oleoso

que saldrá de su balde

Podría ser

el gato

el pintor

la brocha

el volcán

la escalera

el punto de partida de este cuento

que no respeta sujeción al maleficio

porque nada en movimiento

llega a ser

bastante cierto

como una mentira bien contada.

Reinterpretación futura de una mujer llamada Gloria Trevi

> *"Y se soltó el caballo*
> *cortó sus tendones*
> *se vistió de yegua*
> *se pintó cual puerta*
> *y la noche aquella*
> *ya no era oscura*
> *era de lentejas*
> *(que no riman con nada)"*

Ah, la gloria eres tú
Gloria
que ni Vanderbilt
ni blue jeans
ni gemelas parásitas
ni Cornelius
ni barcos
ni ferrocarriles
describen con tanta eficiencia
mi propia transmutación equina
Hoy he llorado tanto
por la leche derramada
sobre esta cama
que mientras escribo
noto que me cuelgan los párpados
la piel de la quijada
las alas de murciélago

y en general
toda esa artillería de células
con la que cargo
sujeta a la deshidratación de medio siglo
a la falta de colágeno
a la ausencia maldita de un punto y aparte
¿Cómo no puede haber
un ya no más
sin que medie entre tú y yo
la fatal paradoja del suicidio?
Me cuesta reencontrarme contigo
en esta misma cama
Gloria
nadando en la abundancia amarga de la sangre
que no por roja, es
alegre
puta
liberal
ni mucho menos, revolucionaria.

Mi sangre
la que toco
tibia
si corto ambos lados del cuello
en círculo
para que no se desperdicie un instante de fuerza
en la malcriadez del lamento
es conservadora
arcaica
reticente a los cambios.

Hoy, sin embargo
ha ocurrido un milagro
ese fluido denso
contenido en su envase natural de cinco décadas
pide
se le permita
sin conmiseración o pena
un escape final a la tierra
donde yace
la gloria nefasta de ser
ella
una mala denominación de origen
Mi sangre
que de sagrada apenas lleva
la fe que tengo en estos delirios de grandeza
jamás sirvió para otra cosa
que para la contención del hierro
Bien haría, pues
en contaminar un poco
tanto suelo baldío
y bañar
si alcanzara su fuerza de yegua
esas caras amables que observan
mi paso por la tierra
mientras tragan la saliva
que no se atreverán a lanzarme
so pena de recibir la patada real de un bastardo

Algo ocurrió de momento
Gloria
Gracias a ti, supongo.

Yo fui Maila Nurmi en otra vida

Yo fui Maila Nurmi en otra vida
y fumaba como puta presa
Me fumé
a Riesner
a Lester Horton
a Fabrizio Mioni
a Elvis
a Marilyn
a Stromberg Jr.
a Orson Welles
a Ed Wood

Me fumé a James Dean
luego de cortarle los frenos
del carro
aquella noche
en que estando yo vestida de murciélaga
me acusó de satánica
Qué indelicadeza de su parte.

¡Dios salve a la reina!

Las venas
pasadas ya de moda
no trafican más que óleo
profusamente saturado de toxinas
No vale la pena intervenirlas
Sale tanta mierda de ellas
que al final te mata el mal olor
jamás la anemia

¿El vuelo?
Un disparate
cuyo final remite lo que eres
a una mancha deforme sobre el pavimento
captada por decenas de cámaras
ávidas todas de sus propios saltos al abismo

Desecho la aburrida brutalidad de la muerte
Me ciño
al goce del corte
preciso
acaso lisonjero
de todo aquello que se ubica por encima de los hombros

Vale más amputar los extremos del cuerpo
Allí reposan las palabras
la demencia
las uñas
el desconcierto
la pena chiquitita de los ojos
y en última instancia
toda capacidad de sobrevida al acto de partir
definitivamente
cuando por fin ocurra

Nada mutila mejor
que una máquina eléctrica para rapar cabezas
Por cada centímetro cuadrado de corte
extermino dos mil doscientos retoños propios
Masacro
inmisericorde
hasta cien mil de esas hilachas
que brotan
abonadas por malas ideas
sobre esta montaña rusa de basura
que llamo Cabeza

¡Dios salve a la reina de sí misma!

Cabeza de músculo

*(Poema anatomo-didáctico
de un cuerpo intervenido
con hormonas sintéticas)*

Cabeza de músculo
Así me llaman

Soy el hazme reír de las redes sociales
Se dice de mí
a lo Tita Merello
que soy chueca y que me muevo
con un aire compadrón,
que parezco un dinosaurio,
mi nariz es puntiaguda,
la figura no me ayuda
y mi boca es un buzón.

También se dice,
no sin motivos,
que todo lo anterior
lo he enmendado
pobremente
sudando la gota gorda en el gimnasio
bajo el dulce influjo
de hormonas
equinas
bovinas
porcinas
caprinas
ovinas.

Con dietas compuestas de carne roja,
bebiendo a destajo proteínas
liofilizadas
exentas de carbohidratos
y de grasas trans.

De lo anterior
destaco sobre todo la falsedad del penúltimo verso
Mis tetas
son trans-géneras
así como mis ángulos faciales
mis bíceps
tríceps
dorsales
pantorrillas.
Mi culo es trans.
Mi culo
declaro enfáticamente
es más trans que el mismísimo transantiago.

Cabeza de músculo
Así me llaman en Facebook.

Todo en mí obedece a la falsa construcción
de un hombre
hueco
vacío
incontinente
pero me gusta
porque comparto con usted la dicha de fingir lo que no soy
de creer en todo lo que parece que creo.

Digo saber de reformas tributarias,
por ejemplo,
de educación gratuita
de Fondos de Pensiones
de economía de extracción
de pueblos originarios.

Apoyo el aborto
por las tres causales
(siempre y cuando el aborto no involucre a mi hermana
o mi hija)
en cuyo caso ambas pasarían a ser unas putas de mierda,
dignas de pública lapidación.

Estoy a favor del matrimonio sodomita
aunque no dejo de entender
que es pecado
yacer con hombre
como si fuese mujer.

Cabeza de músculo
Así me llaman en Twitter.

La gente se confunde con mi aspecto,
a pesar de la obviedad de mi género.

No pasemos por alto
que ni usted ni a mí nos hace falta Foucault
para hablar de géneros. Esa es otra obviedad.
Nos bastaría con visitar alguna importadora textil
de la Calle Independencia
y asunto resuelto.
Géneros de todos los colores y texturas.

Tanta importancia que le dan
como si tejer fuese el último suceso de ingeniería reversa
robada a los extraterrestres.

Respecto a las hormonas,
acaso la reina de las obviedades del género,
tampoco necesitamos los consejos
de la bigotuda Beatriz Preciado.
Para correr en el hipódromo
como yegua,
apurar el paso
y patear el corazón en el gimnasio
tenemos ya
la trembolona
la boldenona
el enantato
el propianato
y el cipionato
de Testosterona
sólo se necesita un buen pinchazo,
en el cuadrante superior externo
de su culo transgénero.

Le invito a que pruebe.

Una vez clavada la aguja
su cabeza por fin entrará en sincronía
con esa banalidad de la que carece
según afirma.

Mientras es penetrado
confesará que jamás se leyó todos los libros que cita
en reuniones como esta.

Entenderá que ser frívolo no es el privilegio de unos pocos
sino un derecho humano
como la tv por cable, el aire acondicionado
o los programas de farándula.
Podrá verse por fin ante el espejo
sin que sienta que algo le sobra
o le falta a su rostro
para ser una perfecta plasta de mierda.

Se lo juro por este Dios que nos mira:

Tanto como a usted,
me atrae ser perversamente hipócrita,
pues siéndolo
la vida se me hace más amable,
más bonita
casi digna.

¡Vivan las hormonas sintéticas!

Hoy me iré de putas

(A Toli y a Kavafis)

Hoy me iré de putas
mi amigo Tulio y yo
que somos hombres
machos —macho— machos
de toda la vida
buscaremos
sexo
alcohol
drogas
mujeres
y fútbol
en algún lupanar de la ciudad.

¿Qué más puede pedir
un hombre
macho de toda la vida
luego de la dura semana
de esfuerzo laboral
mal remunerado
que termina?

A Tulio y a mí
nos gustan las jóvenes
que trabajan
de noche
en esos bares de vicio
perpetuo
donde el sol
si se filtra por las grietas del techo
provoca una hecatombe
de tetas sintéticas que estallan
Si ocurriese tal hecho
veríamos
excitados
desde la comodidad de un sofá
rojo
en forma de labios
los rellenos
biopoliméricos
de las putas
flotando en el aire
espesos nubarrones adheridos
con fruición
a la
cocaína
codeína
cafeína
efedrina
marihuína
que todo hombre

macho de toda la vida
traga
los fines de semana
junto al aroma inconfundible
a tacones
y ligueros sucios
olor a zorra
sustancias todas
respirables
que destacan la casi inocuidad
proveniente del humo
del último cigarro
ese
que estrujo siempre
en el escote
de la ramera mayor
del burdel
a la hora de pagar mi cuenta

Hoy me iré de putas.
Antes
del puro asco que me da
mi condición
de
macho
macho de toda la vida
me cagaré a mí mismo tres veces
en medio de la calle

Horizonte de sucesos

Este pequeño objeto espacial
esférico
provisto de atmósfera
oxígeno
animales
y plantas
donde vivo
acaba de enviarme un ultimátum.

La esquela del aviso
dice
que es tiempo de remar
al lado opuesto del sol
en donde aguarda
un agujero negro
mofletudo
hambriento de carne fresca.

Ávido como está de cosas
que flotan en la mierda
el agujero
mira goloso las tierra extranjeras
desde la infinita opacidad de su ventana

El agujero
hace como que espera por usted y por mí
pues le gusta la mierda ya madura
Mientras llega su próxima cena
como aperitivo, bebe un corto de ron.

El viaje hacia su boca será lento
pero muy divertido
pues nada habrá en el universo
que cause tanta goce a los mortales
que sufrir en carne propia el raro proceso
de la espaguetificación.

En nuestro caso
siendo sudacas
la espaguetificación terminará
con las absurdas peleas
que libramos con Europa, Australia y América del Norte
respecto a la importancia del tamaño.
Nos estiraremos tanto
que por fin habremos rebasado el metro cincuenta de estatura.

Llegando al horizonte de sucesos
habiendo allí tanto culto al hoyo negro
usted se volverá
producto de la fuerza centrípeta

una larga cuerda de inmundicias

un chorro de plasma, tal vez

o la fragmentación binaria de su propia inconsciencia

Nada lo salvará

de la boca justiciera que todo lo devora

Sé de lo que hablo.

He sido tragado

tragado y escupido

miles de veces

por la lengua de Dios.

Dios, por cierto

debería abandonar el nocivo hábito del tabaco

Cada vez que me escupe

me envía de vuelta a la tierra

demasiado alquitranado para el gusto de la gente.

Nadie conversa con un hombre que huele a cenicero de cantina.

De ahí mi perenne condición de expatriado.

TESTAMENTO

Primer paso

Lego mi nariz al vulgo sustancioso
al que redime en público mi fácil indecencia
mi estupidez contra natura
Ausente como está mi vida entera
de cartílagos
cornetes
y goces de cordura
digo sí
a la fatal perversión de la mentira.
Me gusta la mentira.

Segundo Paso

Inhalo el mundo
en pie, blanco, en polvo,
entero en su ropaje de fiesta
Una copa de tinto
acompaña la mueca del maestro
sobre la mancha casual
del vino en mis rodillas
abiertas ambas piernas como flores gemelas
que de vicio ya no van a contrapunto.
Muerdo la almohada.

Tercer Paso

El vino me redime de la sangre derramada
La sangre me redime de la compra
La compra me redime de la vida
La vida me redime de mí mismo
Yo mismo me redimo de la vida
mientras compro
La vida, la compra, la sangre y yo
somos la misma mierda redimida
en cómodas cuotas mensuales
teñidas de blanco.
Soplo tu nuca.

Cuarto Paso

Y así
sucesivamente
todo es blanco.

Quinto Paso

Gracias a mi nariz
estoy vivo
(o viva)
según me vea yo mismo
(o misma)
Visión que concuerda
Igual/total
con la madre entera de los vicios.
Los olores. Los olores. Los malditos olores...

Sexto Paso

Mi vicio son los malditos olores
Mi nariz es una tara fisiológica
hija de esta lengua tropelosa
que altera la canción de justos y borrachos sin papilas
Siento olores en todas partes
Olores a
vainilla/café/prepucio/almíbar/tetas/culos/barrancos/yerbabuena/
marihuana/incesto/mariposas
olor a esquirlas
a maquillaje de travesti que estornuda
sobre el manto bordado de la virgen
que ciega como un topo sonríe picarona en el altar.
Me arrodillo y rezo.

Séptimo Paso

Y así
sucesivamente
todo vuelve a ser negro.

INDICE

www.ingramcontent.com/pod-product-compliance
Lightning Source LLC
Chambersburg PA
CBHW051731040426
42447CB00008B/1085